ACTES SUD – PAPIERS
Éditorial : Claire David

Et les colosses tomberont est le fruit d'une commande d'écriture du Conservatoire national supérieur d'Art dramatique (CNSAD)
Ce texte a été écrit pour quinze élèves de la promotion 2018. Jean-Louis Martinelli en a fait la mise en scène aux présentations publiques du Conservatoire, en novembre 2017.

Illustration de couverture : © Lamia Ziadé

© ACTES SUD, 2018
ISSN 0298-0592
ISBN 978-2-330-10349-1

Également disponible en livre numérique

ET LES COLOSSES TOMBERONT

Laurent Gaudé

ACTES SUD ~ PAPIERS

à la jeunesse qui s'est levée hier, et à celle qui le fera demain

Je ne veux pas que vous le poussiez ou l'ébranliez, mais seulement ne le soutenez plus, et vous le verrez, comme un grand colosse à qui on a dérobé sa base, de son poids même fondre en bas et se rompre.

Discours de la servitude volontaire,
La Boétie, 1574.

Au cœur de la pièce, il y a la foule. Les hommes et les femmes qui descendent dans la rue et crient leur colère. Parfois, des personnages apparaissent, à l'occasion d'une scène ou le temps d'un dialogue. La trajectoire de certains se dessine. Parfois, c'est autre chose qui parle. Appelons cela "les gens", ou "le chœur". On inventera le découpage textuel qui est le plus à même de faire entendre cette voix collective, qui un jour, soudain, fait récit, parce qu'elle prend la parole. Qui parle ? C'est le peuple. C'est l'Histoire.

I. MOI, L'ÉTINCELLE

Lui, Mohamed Bouazizi, face à un policier municipal ou plusieurs.

— Papiers.
— Pardon ?
— Pour l'étal, là : les papiers.
— Vous savez, je suis là, je dérange personne.
— Vous avez l'autorisation ?
— Attendez…
— Quoi ?
— Vous savez bien que je ne l'ai pas.
— Ah bon…?
— Personne ne l'a, monsieur. À côté non plus. Vous le savez.
— Non. Je ne sais rien du tout.
— C'est trop dur. On peut pas se la payer, l'autorisation…
— C'est illégal de vendre ici sans autorisation.
— Ça dérange qui, monsieur ?
— Tu me cherches ?
— Non, je suis juste là. J'essaie de gagner ma vie. C'est tout. Je fais rien de mal.
— Ça, c'est à moi d'en décider.
— Monsieur, vous voyez bien : on essaie de se débrouiller…
— J'entends ça tous les jours. De la part de petits cons comme toi qui se croient plus malins que les autres. Tu te crois plus malin que les autres ?
— Non.
— Alors pourquoi tu te fous de ma gueule ?
— Mais pas du tout. J'essaie juste de vendre mes fruits.
— C'est quoi ton nom ?
— Mohamed.
— Mohamed comment ?
— Bouazizi.

— On t'a déjà chopé, toi, non ? Réponds. On t'a déjà embarqué ?

— Oui.

— Eh bah alors : à quoi tu joues, Mohamed ? Tu crois que tu vas être plus fort que nous ?

— Monsieur, s'il vous plaît…

— Allez, on confisque.

— Vous pouvez pas faire ça !

— Tu veux voir ?

— S'il vous plaît…

— Faut que tu te mettes ça dans le crâne : la rue, c'est chez nous. Et ça se passe comme on le décide nous.

— Vous pouvez pas, je vous en prie, je fais comment, moi…?

*

Lui, Mohamed Bouazizi, face à une ou plusieurs fonctionnaires du gouvernorat.

— Nom ?

— Bouazizi.

— Prénom ?

— Mohamed.

— Profession ?

— Je vends des fruits et des légumes.

— Numéro de licence ?

— Justement, madame…

— Vous n'avez pas de carte ?

— Non.

— Pas d'autorisation de vente ?

— Pas vraiment…

— Pourquoi tu dis que tu es vendeur, alors ?

— C'est-à-dire… C'est ce que je fais pour gagner ma vie, vous voyez…

— De la vente illégale ?

— Mais tout le monde fait ça, madame.

— Je vois. Objet de la requête ?

— Je voudrais récupérer ma marchandise.

— Celle que tu vends sans autorisation ?

— C'est tout ce que j'ai.

— Ça a un prix, ça.

— J'ai pas d'argent, madame.

— Pas d'argent, pas de marchandise.

— Si vous m'enlevez ça, j'ai plus rien.

— Et si je te la rends, il n'y a plus de sanction et sans sanction, c'est le désordre.

— S'il vous plaît…

— Je peux peut-être m'arranger, mais il va falloir que tu fasses un effort.

— Madame, je vous jure, j'ai rien…

— Très bien. Requête rejetée.

— Mais attendez, je fais comment, moi ? Il faut bien que je nourrisse ma famille.

— Et moi, Mohamed ? T'as pensé à la mienne, de famille ?

— J'ai pas d'argent, madame.

— Ah non ?

— Non. C'est pas facile, là…

— Eh bah tu vois, Mohamed, tu viens de faire une erreur. Tu pensais que t'avais pas d'argent mais d'un coup, t'en as encore moins parce que t'as plus de marchandise. On va la laisser pourrir. Ou on se la distribuera entre collègues… Mais pour toi, c'est sûr, c'est fini. Tu peux dire adieu à tes dattes et à tes aubergines.

— Qu'est-ce que vous faites ?

— Suivant.

— S'il vous plaît…

— Suivant !

— Vous pouvez pas…

— Fous le camp. Allez… Dégage !

*

Ce mot-là, prononcé dans ce bureau de préfecture, ce mot, que tous ont déjà entendu une fois, lancé avec mépris ou sifflé entre les dents, toujours le même : dans les rues lorsque les policiers patrouillent et veulent qu'on déguerpisse, dans les bureaux de l'administration, lorsque les fonctionnaires refusent votre demande et font un geste de la main comme s'ils chassaient des mouches. Ce mot que tout le peuple connaît, fait pour marquer la frontière entre ceux qui ont un pouvoir, même petit, même dérisoire, et les autres, entre ceux qui peuvent accepter, tolérer ou refuser, et ceux qui n'ont d'autre choix que de baisser la tête, ce mot tant entendu, auquel personne ne répond jamais parce qu'il n'est dit qu'à ceux qui ne peuvent pas répondre : "Dégage."

*

Lui, Mohamed Bouazizi, entouré de femmes du quartier, ou face à une seule.

— Que fais-tu, Mohamed ?
— Je m'assois.
— Au milieu de la rue ?
— Ici, ce sera bien.
— Personne ne fait cela, Mohamed. Allez, lève-toi.
— Je vais faire ce que j'ai décidé de faire.
— Ne reste pas là. Qu'est-ce qu'on va dire de toi ? Les gens vont se moquer.
— Personne ne se moquera.
— Arrête, Mohamed, les gens vont te montrer du doigt. Les gardes vont sortir. Tu vas avoir des ennuis, Mohamed.
— Non. Je n'en aurai plus.
— Que fais-tu, Mohamed ?
— Je verse le contenu du bidon sur mon corps. L'odeur m'entoure, me saute à la gorge et me fait presque tousser.
— Arrête ! Tu es fou ?
— Vous êtes loin. Vous ne pouvez pas m'empêcher. Vous n'êtes même pas encore sûrs de comprendre ce que je fais. De toute façon, même si vous vous mettiez à courir tout de suite vers moi, ce serait trop tard.
— Nous nous arrêtons de marcher. Quelque chose est bizarre, oui, dans ta présence, dans ta pâleur, mais de là à penser…
— Je sors un briquet.
— Si nous avions le temps, nous te dirions : "Arrête, fils, pense à ta mère !"

— Si j'avais le temps, je vous répondrais que je pense à elle.

— Si nous avions le temps, nous te dirions : "Arrête, fils, imagine toutes ces années dont tu vas te priver…"

— Si j'avais le temps, je vous répondrais que ces dernières secondes sont comme une vie entière.

— Tout va trop vite.

— Tout est très lent : le bruit du briquet lorsque mon pouce glisse dessus…

— D'un coup, une torche humaine et nos bouches qui s'ouvrent, médusées.

— Une couverture ! Vite ! Des manteaux ! Vite ! Appelez les secours ! Éteignez les flammes ! Vite ! Est-ce qu'il respire encore ?

— Que reste-t-il de moi ?

— Un corps tordu par le feu.

— Non.

— Une trace noircie sur le sol.

— Non.

— Que reste-t-il de toi ?

— Vous ne le voyez pas ?

— Les traces d'une vie gâchée ?

— Non. Un attroupement. Et une colère partagée.

*

Comment ça commence… Comment ça prend – comme on le dit d'un incendie.

Comment ça grandit, cette chose, dans la rue, de bouche en bouche.

Comment ça entre dans les maisons comme une nouvelle qui vient percuter les vies de chacun.

Comment ça produit un choc, comme un coup de poing qui vous laisse souffle court.

Comment ça court de quartier en quartier pour saisir d'incrédulité la ville entière.

Comment ça répète toujours les mêmes phrases, de balcon en balcon, dans les arrière-cours et sur le pas des portes.

"Basboussa…? Vous êtes sûr…? Mais je l'ai vu ce matin !"

Comment ça n'en croit pas ses yeux, ses oreilles, dans tout un quartier.

"Le fils de Manoubia ? Mais qu'est-ce qu'il s'est passé ? Il est où…? C'est pas possible…?"

Comment ça pousse les gens dehors pour aller voir de leurs propres yeux, les traces calcinées sur le sol, les policiers déployés devant le bâtiment.

Comment tout cela leur confirme qu'il s'est passé quelque chose, qu'il se passe quelque chose, qu'il va se passer quelque chose.

Comment la rue commente, explique, répète les bribes d'informations entendues çà et là.

"Mohamed…? Oui… Entre la vie et la mort…"

Comment ça finit par nous prendre tous, et Mohamed Bouazizi, d'un coup, devient le nom que nous attendions, celui que nos lèvres avaient envie de prononcer.

*

Ils disent que tu vis encore.
Ils disent que ton corps a été emmené au plus vite.
Ils disent qu'ils prennent soin de toi, font tout leur possible,
Ils montrent des images où l'on te voit couvert de bandages de la tête aux pieds.
Le temps s'ouvre,
Tu ne meurs pas.
Tu nous laisses le temps :
Un jour,
Puis deux, trois, cinq, quinze.
Tu tiens.
Si tu mourais, Mohamed, ce jour-là ou le lendemain,
Ta mère t'enterrerait,
Nous nous figerions en entendant ses cris,
Puis nous irions la voir, un par un,
Pour lui dire qu'elle peut compter sur nous si elle a besoin…
Ils t'enterreraient et enterreraient notre colère avec.
Tu dois le sentir. Alors tu tiens, pour nous offrir du temps. Tu tiens, Mohamed, sous tes bandelettes,

Invisible aux yeux de tous,
Dans ta laideur de grand brûlé,
Souffrant le martyre par chaque pore de ta peau,
Tu tiens dix-huit jours,
Qui sont dix-huit offrandes à la révolte qui se prépare.
Le pays a le temps d'apprendre la nouvelle.
Le pays a le temps de penser à ta mort, à la charrette de fruits arrachée,
Il a le temps de mettre des mots sur ce qu'il t'est arrivé
Et de sentir que ces mots,
Il les connaît depuis longtemps :
Humiliation, arbitraire.
Ces mots les ont toujours accompagnés,
Pauvreté, corruption.
Cela fait monter la colère.
Le pays a le temps de comprendre que ce que tu as brûlé en t'immolant,
C'est notre servitude.
Tu as brûlé notre silence et notre soumission.
Tu as brûlé nos jours lents sans perspective de rien.
Tu tiens, Mohamed,
Et petit à petit, nous nous pressons, restons devant l'hôpital et décidons de ne plus bouger.
Nous sommes de plus en plus nombreux
Et c'est là, seulement, que tu meurs,
Au bout de ce long chemin de souffrance,
Lorsque nous sommes prêts à comprendre ce que tu nous as offert en allumant ton briquet.
Alors, nous te portons.
Regarde, Mohamed, nous sommes une foule.
Nous te portons.
Nous prenons ton nom,
Mohamed Bouazizi,
Ton nom, qui sera désormais celui de notre colère.

*

Comment ça grossit maintenant, dépassant tout ce que l'on pouvait imaginer, s'étendant de ville en ville, de région en région. On parle d'abord de manifestations mais le mot n'est pas assez grand. On parle de révolte mais le mot n'est pas assez définitif.

Comment ça se met à parler de nous alors, partout, sur les chaînes du monde entier. Tunis devient la capitale de quelque chose qu'il reste à nommer.

Comment nous ne pouvons plus reculer, parce que nous sommes ivres de ce qu'il se passe tout autour de nous.

Comment ça s'embrase littéralement pour devenir, sans que plus personne ne puisse en douter, le début d'une révolution.

II. L'INCENDIE

La colère de la vie trop chère, ça ne suffit pas.
Le chômage,
La corruption,
La fatigue de traîner sa peau en sachant que rien n'adviendra,
Ça ne suffit pas.
L'indignation face au mépris des plus riches,
La captation des richesses,
L'humiliation permanente,
Ça ne suffit pas.
Même l'immolation de Mohamed Bouazizi,
Ça ne suffit pas.
Il faut aussi l'humiliation de nos pères
Et celle de nos grands-parents.
Il faut un long temps de révolte avortée, de manifestations réprimées.
Il faut être d'une lignée de colères ravalées,
Échine pliée de père en fils, depuis des générations,
Et ce qui naît, alors, c'est ce qui nous traverse aujourd'hui,
C'est une rage plus vieille que nous.
Ce n'est pas seulement nous qui emplissons les rues de nos villes,
Ce sont les fantômes de ceux qui nous précédèrent et ne purent pas
crier.

*

Dans la mort de Mohamed Bouazizi, il y a des milliers de cris de
joie, est-ce que tu les entends ? Des volées de pierres, des semaines
entières de manifestations. Ce que contient ce jour, c'est un slogan
qui se répand à toute allure de pays en pays. Ce que contient ce
jour, c'est une accélération du temps, le sentiment que les régimes

sont des dominos et que nous pourrons peut-être les faire tomber. Ce que contient ce jour est trop grand pour nous, mais nous le prenons, nous le nommons, nous le brandissons avec fierté : c'est la liberté aimée, revendiquée, défendue, aimée, revendiquée, défendue, dites-le avec nous, aimée, revendiquée, défendue ! Tout le monde ensemble : aimée, revendiquée, défendue !

*

La jeunesse échauffée, incrédule, surprise de sa propre force.

— Tu as vu ?
— Non.
— Au Caire…
— Quoi ?
— Ils sont descendus dans la rue.
— C'est pas vrai ?
— Notre foule grandit. Ici, ailleurs, au Caire et à Tripoli, des frères et des sœurs que nous ne connaissons pas mais qui nous ressemblent. Nous prenons les mêmes risques, bravons les mêmes interdits, crachons sur la même morgue. Ici ou là.
— Vous avez vu ?
— Non…
— À Homs et à Sanaa…
— Quoi ?
— Nous sommes d'un coup si nombreux.
— Vous avez vu ?
— Non ?
— Ben Ali, Moubarak, Kadhafi, Bachar el-Assad, ces noms que l'on prononçait hier avec crainte, sont aujourd'hui raillés.
— Vous avez entendu ?
— Non.
— Hier dans la manifestation, avenue Bourguiba…
— Quoi ?
— Ils ont changé les slogans.
— Explique !
— Ce n'est plus le pain que nous réclamons.

— Ah non ?
— Ce ne sont plus les réformes.
— Qu'est-ce qu'on réclame, alors ?
— "Ben Ali, dégage !"
— Non ?
— Qui a osé ?
— Un d'entre nous.
— "Ben Ali, dégage !" Repris immédiatement par toute la foule comme si elle attendait ces mots depuis longtemps.
— Ben Ali, dégage !
— Et il n'y a plus d'autres revendications, plus d'appels aux réformes, juste ce mot, si souvent reçu en silence, tête basse, mais repris, cette fois, par ceux qu'il humiliait et hurlé à pleins poumons.
— Ben Ali, dégage ! Dégage…!
— Ce mot, plus fort que tous les autres, ce mot qui contient toutes les colères.
— *Erhal ! Erhal* !*

*

Comment ça saute les frontières, grandit, s'étend, mois après mois, transformant les pays en jeu de quilles…
Tunisie, Égypte, Libye, Yémen, Syrie, Maroc, Bahreïn,
Comment ça court, si grand et si commun à tant de gens… Est-ce que c'est possible une foule de sept pays ? Est-ce que c'est possible sept peuples qui poussent le même cri ?
Comment les journées se suspendent, partout, pour n'être plus qu'attente de manifestation,
Et la jeunesse qui descend dans les rues apprend à faire des pancartes, se confectionne des masques contre les gaz lacrymogènes.
Comment la conviction se transmet, faisant de chacun non plus un dépité en colère, mais un citoyen qui manifeste.

* Dégage ! Dégage !

Des filles et garçons du peuple, désireux de raconter ce qu'ils sont, puis une foule entière.

— J'avais jamais fait ça. Sortir dans la rue. Sans dire où on va et quand est-ce qu'on rentrera. Filles et garçons mélangés. J'avais jamais fait ça : entrer dans une foule si grande. Et pas seulement la traverser, mais en être et s'y fondre. J'avais jamais fait ça. Tous ces gens que je ne connaissais pas mais avec qui on parlait, riait, dansait. Et sur le visage des autres filles, je reconnaissais ce même sourire, celui qui était sur le mien, et je savais qu'elles non plus, elles n'avaient jamais fait ça. Il y avait de la musique, des slogans. Il y avait un temps qui durait, s'étirait. Tout était à nous. La rue. Les journées. La joie. Tout était à nous qui n'avions rien.

— J'avais jamais fait ça. Mehdi m'attendait en bas. On avait convenu qu'on irait ensemble. J'ai passé la tête par la fenêtre quand il a appelé et je lui ai dit que j'avais besoin encore de cinq minutes. Il a levé les bras au ciel mais il a souri. Cinq minutes… J'ai pris les ciseaux de la cuisine et j'ai coupé mes cheveux. Je ne sais pas pourquoi j'ai fait ça. Ce n'était pas nécessaire. Des tas de filles étaient dans la rue avec leurs cheveux, leur voile. Mais j'ai eu envie de couper… Je voulais… Je ne sais pas… Quelque chose de définitif. Quelque chose de joyeux, de décidé. J'ai ramassé les cheveux et je les ai mis dans la poubelle. J'ai enfilé mon manteau. J'ai dit à la cantonade : "je sors" à toute vitesse, et avant que les parents aient le temps de répondre, de me voir, de faire quoi que ce soit, j'ai claqué la porte… Dehors, Mehdi est resté bouche bée. Je me souviens à cet instant, là, sur la nuque, la caresse de l'air… C'était doux. C'était nouveau. C'était… J'étais heureuse. Et j'aurais embrassé Mehdi à cet instant. À pleine bouche. Car tout était à nous.

— Tous les amis s'étaient donné rendez-vous. Le matin même, on en avait parlé, un peu crânement. Envisager les choses, parler du mouvement, comme si on avait déjà fait cela mille fois, comme si on était tous des experts en révolution, comme si on maîtrisait cette chose qui naissait, qu'elle était même l'expression de notre volonté, l'émanation de notre sens de l'organisation politique, mais quand je suis arrivée sur l'avenue, je suis restée pétrifiée. J'ai même mis mes mains sur ma bouche. Tant de gens… Là. Tant de gens dans les rues, sur les toits, partout…

— J'avais jamais fait ça : s'approcher des lignes des policiers. Venir près, toujours plus près, pour leur montrer qu'on n'a pas peur. Pour les défier. Leur gueuler nos slogans à la figure. Leur montrer notre jeunesse, notre beauté. Et la panique lorsqu'ils chargent. L'énergie dans tout le corps. La voix à l'intérieur qui te dit que là, c'est pour de vrai… J'avais jamais couru comme ça, à toute vitesse, avec le bruit sourd de leur charge dans le dos. Et prier pour que la rue dans laquelle on vient de tourner ne soit pas un cul-de-sac. Et courir encore, à bout de souffle. Et quand, enfin, tu sens qu'ils ne sont plus là, quand tu sens que tu leur as échappé, s'allonger par terre, souffle court, et rire, rire hors d'haleine avant d'aller retrouver les copains égrenés çà et là, et tout se raconter, se taper sur les épaules, et y retourner pour leur montrer qu'on est là, encore là, et qu'ils ne nous auront pas.

— J'avais jamais crié comme ça. Chez moi, parfois, ça m'arrivait : parce que ma petite sœur prenait trop de temps dans la salle de bains ou des choses comme ça, les jours d'énervement. Mais sinon, jamais. Devant les parents, jamais. Une fille, ça crie pas dans la rue. Et là, d'un coup. Tous ces garçons et toutes ces filles qui criaient, de toutes leurs forces, à s'en casser la voix. Ceux qui brandissaient leur chaussure. Ceux qui faisaient drapeau de leur tee-shirt, et c'était joyeux. Au début je n'osais pas. Alors Slimane m'a dit :
— Vas-y !
— J'ai pas compris tout de suite.
— Vas-y.
— "Dégage !" Il y avait tellement de bruit que c'est à peine si je me suis entendue moi-même.
— Plus fort !
— Dégage !
— On n'entend rien.
— Dégage !
— Qu'est-ce que t'as dit ?
— Dégage !
— À qui tu parles ?
— Ben Ali, dégage !

— Et qui d'autre ?
— Moubarak, dégage ! Kadhafi, dégage !
— Et encore ?
— Saleh, dégage !
— Dégage ! Dégage…!!

— J'avais jamais eu peur comme ça. La foule tout autour de moi, compacte serrée. Au début joyeuse et puis d'un coup, sans qu'on sache exactement pourquoi, nerveuse, inquiète. Parce que certains ont entendu dire que les policiers se rapprochaient. D'autres, que trois rues plus loin, il y a eu des coups de feu… La foule alors, qui se tend. J'avais jamais senti ça : une peur qui n'est pas la vôtre mais qui vous contamine. Parce que vous faites partie d'un grand corps et que ce qui le traverse vous traverse. Et puis, après la peur, la force de la surmonter. Pour les mêmes raisons. Parce qu'un type perché sur un réverbère vient de lancer un slogan avec une voix ferme et puissante. *"Al chaab yourid'iskat alnizam* !"* Parce que le moment de flottement est passé. Que personne ne voit les policiers qu'on a annoncés. Parce que peut-être, la foule prend le temps de se regarder et est stupéfaite devant sa propre immensité.

— Je m'appelle Yassine. Quelque chose a changé. D'habitude, je ne sors pas. Il ne la tape pas quand je suis là. Les rares fois où je suis sorti, à mon retour, je l'ai trouvée le visage tuméfié. Elle se cache alors, craignant peut-être que je me jette sur lui ou plus certainement que je renonce définitivement à sortir. Son sourire à lui, comme si tout cela ne me regardait pas, me défiant même d'oser dire un mot, me rappelant qu'il est le père et qu'il tape sur elle quand il veut, si ça lui chante de taper. Là, je suis sorti. Je voulais en être. Une fois dans la rue – j'ai presque honte de le dire – je n'ai plus pensé à elle, je n'ai plus pensé à ma vie de rien, à la peur de retrouver ma mère un jour allongée sur le carrelage de la cuisine dans une mare de sang. Je n'ai plus pensé. Je me suis glissé dans la foule et j'ai gueulé avec ceux qui m'entouraient, j'ai gueulé et c'était bon. J'avais jamais fait ça.

— Je m'appelle Djalil. Quelque chose a changé. J'ai dit à mon petit frère que je l'emmenais. Les parents ont d'abord dit non mais j'ai

* Slogan des révolutions arabes : "Le peuple veut la chute du régime !"

insisté. J'ai dit que je veillerais sur lui, que je ne le lâcherais pas des yeux. J'ai dit qu'on ne prendrait aucun risque mais qu'il fallait qu'on sorte. Qu'on ne pouvait pas rater ça…

— Je m'appelle Farouk. Je ne sais pas à quel appel j'ai répondu. Il y avait du bruit dehors, je l'entendais de chez moi. Est-ce qu'on peut dire cela : que je suis descendu par simple curiosité ? Pour voir d'un peu plus près… Et puis, d'un peu plus près, ça ne suffisait pas, il fallait en être, de beaucoup plus près. J'ai pris ma place dans la foule. Ni plus ni moins. Un de plus dans la foule, scandant avec la même rage, riant avec la même insouciance. Comme les autres. Tarek. Comme les autres. Kamel. Jamila. Ni plus ni moins. Fatima. Toufik. Salma. Quelque chose a changé. Messaoud. Fouad. Karim. Comme les autres. Ahmed. Fayçal. Aziz. Des dizaines d'autres. Des centaines d'autres. Mariam. Nour. Des milliers d'autres. Et nous ne sommes pas une foule. Ça, c'est ce qu'ils veulent nous faire croire. Comme ils disent "troubles" pour ne pas dire "soulèvement", "casseurs" pour ne pas dire "jeunesse révoltée". Issa. Rihab. Abdelkader. Shani. Nous ne sommes pas une foule, nous sommes un peuple. Hamza. Nasser. Farid. Cherine. Amal. Souleymane. Hommes et femmes. Ni plus ni moins. Un peuple entier.
— *(Tous ensemble.) Al chaab yourid'iskat alnizam…!!! Al chaab yourid'iskat alnizam…!!! Al chaab yourid'iskat alnizam…!!!*

III. AUX FEMMES, LA RUE RECONNAISSANTE

Lotfi et son père, examinant la rue sans se rendre compte, encore, qu'elle gronde.

— Penche-toi un peu. Là. Comme ça… Regarde au bout de la rue… Tu vois la devanture du magasin de monsieur Hamrouche ? En rouge, là…
— Oui.
— Un peu plus loin, il y a les chaises du café Messir.
— Tu es sûr qu'il les a sorties ?
— Oui. Elles sont là.
— Je ne les vois pas, papa.
— Tu les voyais l'autre jour…
— Oui. Mais aujourd'hui, je ne les vois pas.
— Concentre-toi.
— Tu crois que ça veut dire que je ne verrai bientôt plus la devanture de monsieur Hamrouche ?
— Non. Ça veut dire qu'il faut que je prenne rendez-vous avec le médecin.
— Est-ce que tout va bientôt devenir noir, papa ?
— Ne dis pas ça.
— Tu crois qu'on se souvient toute sa vie des couleurs qu'on a vues une fois ?

*

Nous avons transformé la journée de la police en journée de la colère.
Et nous ne nous arrêterons plus maintenant.
C'est notre temps.
Les jours nous appartiennent.
Nous les nommerons.

Nous sommes Brumaire et Germinal.
Il y aura la journée de l'Égalité,
La journée de la Révolution,
La journée du Plaisir,
La journée des Étudiants,
La journée du Peuple,
La journée de la Liberté,
La journée d'Allez-Vous-Faire-Foutre,
Nous proclamons la journée Sans-Pouvoir,
La journée du Départ,
La journée des Filles,
Des Femmes,
Des Mères d'Égypte, de Tunisie, de Syrie, de Libye,
La journée du Sourire Arabe,
Liberté !
Liberté !
Silmiya * !
Silmiya !

*

Lotfi seul face à l'obscurité qui l'enveloppe.

Je regarde tout. Le plus possible. Pour me souvenir de tout. La lumière blanche qui entre dans la rue et tape sur les carrosseries des voitures. Les grands immeubles de la place aux façades jaunes. Les petits vendeurs de rue. Les sacs d'épices sur les étals. Je regarde tout et je vois de moins en moins. C'est comme si le monde ne voulait plus que je le contemple. Mais il murmure à mon oreille. Et c'est nouveau. Alors j'écoute. De toutes mes forces, j'écoute.

* Pacifique !

*

La fille et sa mère.

— Je sais ce que tu vas dire, maman.
— Tu as mis des baskets ?
— Je comprends que tu ne comprennes pas… Tu as peur pour moi, c'est normal.
— Tu ne peux pas y aller…
— Je ne demande rien, mère. Pas cette fois.
— Tu entends le bruit dans les rues ?
— Toute l'avenue, oui, je l'entends. Jusqu'à la place. Aujourd'hui plus nombreux qu'hier.
— Tu ne peux pas y aller avant de m'avoir aidé à enfiler ma robe.
— Tu vas sortir ?
— Mes souliers aussi…
— Maintenant ?
— Ne crois pas ce qu'ils disent, fille. Les luttes, nous les avons menées. Mais jamais jour pareil ne nous a été offert.
— Que fais-tu, mère ?
— Nous l'avons attendu, ce jour.
— Tu viens ?
— La seule différence qu'il y aura entre toi et moi, c'est que moi, je ne vais pas y aller en baskets, je veux y aller comme si j'allais à un mariage. Ce qu'ils doivent voir, ce qui doit leur brûler les yeux, c'est notre dignité.

*

Mohamed Bouazizi seul, après la mort.

— Je crois que je l'ai vu. Au moment d'allumer le briquet, dans ces secondes qui étaient des vies, je crois que je l'ai vu : que sept pays s'embraseraient. Que mère et fille iraient ensemble. Que père et fils se retrouveraient dans la rue. Que la foule grandirait de jour en jour. Je crois que je l'ai vu : que sept dictateurs seraient réveillés dans l'urgence, en pleine nuit, par des conseillers apeurés qui leur murmureraient que "la situation devient véritablement préoccupante…" Je crois que je l'ai su. Que des foules inimaginables scanderaient mon nom pour s'affranchir. C'est pour cela que je n'ai pas failli.

*

Le groupe des jeunes gens sacrifiés dont on ne retiendra ni le nom ni la longue liste des souffrances.

Nous t'avons suivi, Mohamed.
En Tunisie,
En Égypte.
D'autres, comme toi, se sont immolés
Mais toi seul as un nom, Mohamed.
J'étais Houcine Néji,
Qui s'en souvient ?
Électrocuté en agrippant un fil à haute tension.
Nous avons nourri la révolte.
De notre sang, de notre vie.
J'étais Mohamed Ammari et Chawki Belhoussine El Hadri,
Morts sous les premières balles de la réaction policière,
Mais toi seul as un nom, Mohamed.
Même courage pour nous, même peur,
Même odeur de brûlé sur nos vies qui s'achèvent,
Mais toi seul as un nom, Mohamed.
N'avons-nous servi à rien ?
Nos sacrifices inutiles, ignorés ?
Ce ne sont pas nos noms que les foules scandent avec ferveur,
Ce n'est pas nos noms
Et nos familles pleurent sur des cercueils qui se sont refermés sur des corps défigurés.
Nous t'avons suivi, Mohamed.
Et comme à toi, ce qui répond à notre mort,
C'est la jeunesse révoltée
Et joyeuse d'oser l'être.

Deux filles dialoguent, puis d'autres.

— Tu crierais quoi, toi, si tu pouvais ?
— "Dégage !", c'est bien.
— Oui, mais pour nous, les filles… Tu vois ce que je veux dire.
— Que je veux pouvoir sortir quand je veux !
— Et quoi d'autre ?
— Écouter de la musique. Retrouver les garçons le soir si ça me plaît !
Et toi ?
— Merde.
— À qui ?
— À mon père.
— Ils ne sont pas prêts encore.
— Merde à ma mère aussi. À la surveillance. Merde aux regards en
coin des vieilles tantes, aux études interrompues, aux habits qu'on
ne choisit pas. Non, non, attends… J'ai mieux encore : merde à
notre virginité.
— Tu dirais ça ?
— C'est ça qu'elles crient, les filles, dehors. Tu n'entends pas ?
— Comme tu y vas !
— Écoute. "Liberté ! Liberté !" Ça veut dire : Foutez-nous la paix !
Ça veut dire : Laissez-nous libres de baiser. De ne pas baiser. De dire
oui. D'essayer. De dire non. Laissez-nous avoir envie. Ou pas. Ce
n'est pas une révolution d'hommes. Nous sommes là. Nous sommes
descendues. Nous nous sommes pris par le bras les unes les autres.
Nous avons avancé en groupes. Nous voulons être écoutées à l'égal
des hommes lorsque nous parlons. Nous ne rentrerons plus à la
maison. Nous ne rentrerons plus parce que maintenant, chez nous,
c'est ici, dans la rue ! Merde aux verrous, aux portes, aux volets ! Pour
une fois, la ville est à nous !

IV. TAHRIR SERA LE NOM DE NOTRE LIBERTÉ

Ziad et son ami d'abord, puis les gens du quartier autour des téléviseurs installés dans les rues.

— Il va parler.
— Qu'est-ce que tu veux que ça me foute…
— Allez, viens, c'est juste à côté… Rassam a mis les chaises dehors. Il y aura tout le monde.
— Et qu'est-ce que tu crois qu'il va dire ?
— Je ne sais pas…
— Qu'il a entendu…? Qu'il va écouter les revendications de son peuple…? Rendre l'argent et faire pénitence : mendier dans les rues, lui, sa femme, ses cousins, une longue colonne de mendiants qui vivront de l'aumône…
— Ziad…! Arrête. Viens : il va parler.
— Je viens, je viens. Moi et des centaines d'autres. Dans toutes les rues de la ville. C'est pareil à Tunis et au Caire. Dans les cafés, devant les postes de télévision. Il y a toujours ce moment-là : celui de la première allocution du président depuis le début des "troubles", comme ils disent. Et c'est toujours à la télé nationale. Avec un air grave. S'adressant au peuple entier. Sur les avenues, on se presse. Il va parler. Lui, le père de la nation, et on espère peut-être encore un peu en secret que tout s'arrête là, qu'il reconnaisse ses torts et s'en aille, la larme à l'œil, pourquoi pas ?
— Mes chers compatriotes, citoyens, sujets, j'ai entendu la colère d'une partie de la population. Je connais les difficultés de la période que nous traversons. Le chômage des jeunes, les loyers souvent trop chers, la situation macroéconomique qui influe injustement sur les prix de l'essence pour notre peuple, tout cela, je le sais, je l'entends, pèse sur les vies de beaucoup d'entre nous. Croyez bien que j'y travaille. Mais aujourd'hui plus que tout, notre pays a besoin de calme. Nous devons être responsables et adultes. Ne laissez pas un petit

groupe d'agités créer la confusion et le désordre dans notre pays. Des forces étrangères agissent en sous-main pour déstabiliser notre nation. Je suis le garant de l'ordre et je ne laisserai pas faire cela. Je déclare donc l'état d'urgence et un couvre-feu effectif dès ce soir à partir de 20 heures. Ma priorité est de rétablir l'ordre. Rentrez chez vous. Laissez le gouvernement, les ministres, mes collaborateurs travailler. Je mets en garde ceux qui ont pu croire de bonne foi à un mouvement spontané et populaire. On vous a trompés. Ne devenez pas complices de l'ennemi extérieur. Rentrez chez vous ou les forces de police seront obligées de vous considérer comme des fauteurs de troubles, ennemis à la patrie et ce n'est pas ce que vous voulez, croyez-moi.

— La foule, sur les chaises en plastique, debout au coin des rues, tous serrés les uns contre les autres, muets, comprenant que demain sera jour d'affrontement, que demain des mères pleureront leurs enfants. Et puis, Ziad qui dit : "Regardez, il reparle." Et comme si le générique revenait… Depuis le palais présidentiel toujours. Hymne national, et tout… Air grave, et tout…

— Mes chers compatriotes, petits pédés, bande de larves, je vous ai entendus et je vous torcherai le cul. Pour qui vous prenez-vous ? Vous vouliez des réformes, c'était déjà trop, et maintenant vous voulez que je dégage. Insolents ! Je suis là depuis toujours et resterai là pour toujours. J'ai l'armée, l'argent et tout ce qu'il faut pour vous mater. Mes chers petits compatriotes, tapettes, dégénérés, rentrez chez vous, ou je considérerai personnellement chacun d'entre vous comme un conspirateur, agent de la CIA et autres racailles sur lesquelles je crache le soir avant de me coucher. Rentrez chez vous, vous m'entendez ? Ou pleurez sur votre misère car je vous le dis, mes chers compatriotes, petits pédés, demain, ça va saigner…

*

De ce jour, des gens nouveaux apparaissent dans les rues.
Ils ne portent pas d'uniforme,
Ne sont ni policiers ni soldats mais ont l'arrogance de la matraque et des sourires d'impunité.

Ils ont vidé les prisons et promis à toutes ces petites frappes de l'argent s'ils faisaient une vie d'enfer aux manifestants.

C'est toujours la rue, l'enjeu.

À qui est-elle ?

Qui va la tenir ?

Chaque place, chaque carrefour compte.

Il faut se battre pour garder un trottoir, conquérir un pont, tenir un carrefour.

Il faut se battre pour ne pas quitter la place Tahrir.

Tous les jours, même encerclés, même empêchés, même pris d'assaut, tous les jours, il faut y revenir,

Car à la fin, celui qui tiendra la rue tiendra le pays.

*

Le petit Lotfi et son père, Djalil et son petit frère, Walid, son cousin et des amis, des hommes, des femmes, le peuple entier, et puis les chameaux, les petites frappes et la confusion.

— Lotfi…

— Oui, papa ?

— Il faut qu'on accélère un peu, sinon on ne va pas y arriver.

— Pourquoi ?

— Il y a des rues bloquées, on va mettre du temps.

— Tu crois que le médecin sera là ?

— Bien sûr qu'il sera là. On a rendez-vous. Tu ne me lâches pas la main, d'accord ?

— Nous descendons. Je sens dans l'escalier le pas de mon père, plus anxieux, plus pressé. Dès que nous sortons dans la rue, la rumeur nous accueille. Il a un mouvement d'hésitation, de peur, je crois. Il est surpris. La rumeur est si proche. Il me serre la main et prend à gauche, me tire le bras presque. Il marche vite. Je ne sais pas à quelle heure nous arriverons chez le médecin. Je me demande même si le médecin sera dans son cabinet mais je n'ose pas le dire. Je souris. C'est la première fois que j'arrive à regarder avec autre chose que mes yeux. Je sens la ville tout autour de moi. Ses bruits. Son grondement. Les voitures, de moins en moins nombreuses au fur et à mesure que nous nous approchons des zones de manifestations. Les cris au loin. Des gens qui courent sur le trottoir, çà et là. Des voix qui appellent. Je vois tout. C'est comme si la ville me parlait. Et je sais qu'elle va nous attirer en son cœur, là où sont tous les autres. Parce qu'elle a besoin de chacun d'entre nous.

— On était partis avec mon cousin Walid et ses copains. J'étais le plus jeune des cinq. On avançait vite dans les rues. Walid était déjà venu sur la place la veille et il a dit qu'il valait mieux arriver par le musée que par l'ambassade des États-Unis. On l'a suivi. Et puis, dans la rue Talaat Harb, on s'est arrêtés. La foule était dense. Et là, à quelques mètres de nous, on a vu nos pères. Les quatre frères, venus ensemble. Quand j'ai vu nos pères, j'ai su que cela allait être énorme.

— Je vois passer des groupes qui courent en sens inverse. Ils crient, essaient de tenir un corps à deux ou trois mais l'homme inconscient est lourd et ce n'est pas facile. Une jambe traîne. Deux d'entre eux portent des tee-shirts avec "infirmiers" écrit dessus et essaient de tenir le blessé par les bras mais sa tête pend dans le vide. Nous avançons, les laissant à leur encombrement, répétant à tue-tête "Médecin… ! Médecin… !" sans savoir si celui qu'ils tiennent est sur le point de mourir ou reprendra ses esprits dans quelques minutes. Est-ce que c'est cela l'Histoire ? Cette espèce de chose nerveuse, qui va vite, cette tension qui vous fait perdre votre sang-froid, s'engouffre dans les rues, crie, vous force à courir ? Est-ce que c'est comme ça qu'elle se fait, l'Histoire : lorsque la foule décide de s'arrêter devant un palais et pas un autre, de tout détruire ou de passer son chemin ? C'est fait de rumeurs, de fausses informations, de mouvement confus et de panique, l'Histoire. C'est fait de peurs, de remords, de petits hasards. Et de corps qu'on traîne sur le sol sans savoir s'ils sont déjà morts ou simplement évanouis.

— Garde ma main serrée, Lotfi. On va juste traverser l'avenue.
— Mais on ne peut pas… Je ne le lui dis pas mais je sais qu'on ne peut pas.
— Ne me lâche pas la main.
— Je sens son corps nerveux. Il me fait mal à la main mais je ne dis rien. Je sens des dizaines d'autres corps autour de moi, qui me bousculent, me serrent. Nous sommes bloqués. Il faudra des heures pour

se frayer un passage. Mon père, un temps, y croit encore, essaie de passer, dit "pardon", "excusez-moi", se faufile, mais les gens n'écoutent pas. Cela devient de plus en plus difficile. Et la foule nous entraîne. Je sens sa force lente qui converge vers la place. Et cela me plaît. C'est ce que je voulais. Que la foule nous fasse sienne. Nous sommes au milieu de milliers d'autres. J'essaie de me concentrer sur chaque odeur, chaque bruit. Il y a une nervosité autour de moi, dans l'air, dans les silences, que je n'ai jamais ressentie.

— Dans l'avenue Al Tahrir, moi et mes cousins on a été au contact avec les policiers. Ils tirent des grenades lacrymo, chargent pour nous faire reculer, mais nous revenons, prenons les grenades à terre et les relançons. La fumée donne aux rues un air de champ de bataille. Je me souviens d'avoir vu une bouteille de cocktail Molotov lancée par un type derrière moi. Je l'ai regardée. La courbe lente de la bouteille au-dessus de nos têtes. Allant vers les lignes des policiers. Le mouvement dans sa chute. Le bout de tissu déjà en feu. Je ne voyais plus rien d'autre. Et la bouteille semblait ne jamais devoir retomber. Je savais que lorsqu'elle éclaterait au sol, on jetterait tous des pierres à toute volée, parce que pour une fois, c'était peut-être eux qui allaient reculer.

— *Al chaab yourid'iskat alnizam…!!! Al chaab yourid'iskat alnizam…!!!*

— Nous voulons des radios libres, des blogs pour pouvoir rire, exprimer nos idées, nous moquer de ceux que nous trouvons grotesques. Nous voulons nous habiller comme bon nous semble. Nous aimons notre pays mais pas la patrie. Nous aimons nos familles mais pas le père de famille, nous aimons le travail mais pas la soumission. Nous aimons rire et nous sommes nombreuses, si nombreuses qu'une si grande place ne suffit pas à nous contenir.

— C'est là que nous les avons entendus. Arrivant de la rue Tahrir.
— Attention !
— Ils chargent…! Ils chargent…!
— Je me suis retournée. Ce n'était pas les policiers mais des hommes lancés au galop sur des chameaux. Ils fonçaient sur nous, avec des bouts de bois, des matraques, et tapaient sur tout ce qui les entourait.

— En quelques secondes la foule s'est écartée. Courant partout, essayant de se mettre à l'abri. Et j'ai senti que mon père me lâchait la main.

— Lotfi…? Lotfi…?

— La cohue, la peur panique, les gens qui crient, se bousculent, tombent à terre…

— Deux heures plus tôt, ils nous avaient pris à part et donné des bâtons. De l'alcool aussi. J'en connaissais une bonne dizaine déjà. Croisés à la prison. Ils nous ont dit qu'on pouvait avoir la liberté. Et même de l'argent. Que ce n'était pas bien compliqué. Qu'il suffisait de foncer sur ce tas de tapettes et de leur foutre une bonne raclée. Ils ont dit que l'important, c'était de s'amuser. Taper sur tout ce qui bouge. Leur faire comprendre que le mieux était de retourner chez leur mère. Et puis après, quand on a tous dit oui, ils nous ont parlé des chameaux. Et là, on a souri. Parce qu'on a su que ça allait être marrant.

— Ils chargent ! Ils chargent !

— Papa ?

— Lotfi…?

— Je l'entends à peine. Loin. Déjà étouffé par des dizaines de corps qui nous séparent.

— J'ai piqué les flancs du chameau pour qu'il aille à toute vitesse. J'étais un des premiers et j'ai vu tous ces petits cons saisis de trouille. Des étudiants. Des fils à papa. J'ai tapé sur toutes les têtes à ma portée. Ça gémissait, ça détalait.

— À l'abri ! À l'abri !

— Le hasard, comme seule règle… Ceux qui sont sur la trajectoire, ceux qui éviteront la charge. Un pas en arrière, quelques mètres, parfois, suffisent pour faire la différence entre ceux qui vivront et ceux qui saigneront.

— Et puis, d'un coup, il y a ces voix, de part et d'autre : "On tient la place…! On ne recule pas…! On tient la place…!"

— Et après avoir fui par instinct, la foule se ressaisit.

— J'ai senti un moment de flottement puis tout a été très vite… J'avais jamais pensé… Ils se sont mis à attaquer.

— La foule, soudain, se rue sur les chameaux, se jette à l'assaut des cavaliers.

— Ils sont tant. Il en arrive de partout. Je me tourne en tous sens, donne des coups. Le type devant moi vient d'être désarçonné. Le chameau lui-même est à terre. Il y a des dizaines de mains qui tapent. Ils s'en prennent à moi, ils sont cinq ou six. Ils me tirent, m'agrippent. Je ne peux rien faire. Ils vont me lapider.

— On tient la place !

— Faites tomber les chameaux !

— Attrapez-les !

— Assassins ! Assassins !

— Vengeance. C'est à cela que je pense. À nous de frapper. Ils pensaient nous faire détaler comme des souris. Ils pensaient reprendre la place. Ils ont tapé nos frères, nos sœurs, vengeance.

— Je vois les types qui traînent à terre un cavalier. Ils le rouent de coups. Avec les pieds. Les mains. Est-ce que je dois avoir pitié ? Est-ce que ce type n'essayait pas – il y a cinq minutes – de me frapper à mort ou de m'écraser sous les sabots de son chameau ?

— Mon petit frère… Là. Que j'avais emmené avec moi pour qu'il voie ça. Mon petit frère sur lequel j'avais promis de veiller, d'un coup, se rue sur un des cavaliers. Je le vois. Quelque chose m'arrête. Je n'ose pas faire un pas. Ils sont tout un groupe à taper, crier. Je m'approche. J'ai peur de ce que je vais voir. Et là, je vois mon frère, le dernier encore à taper. Essuyant les semelles de ses baskets sur le visage de l'homme. Mon petit frère. Qu'est-ce que tu fais, Seti…? Tu l'as tué…? Et là, je croyais que des gens allaient surgir, demander des comptes, l'emmener. Je pensais que ce qu'il avait fait lui vaudrait la prison. Et je vois les hommes autour de lui qui lui tapent sur l'épaule, le félicitent. Et mon frère sourit. Il sourit…

— En quelques secondes, le piège s'est refermé sur nous. Moi, je gis, le crâne ouvert. Plus loin, un de ceux que je connaissais de la prison finit de se noyer dans son sang. Ils nous ont tués. Nous avons été stupides, fonçant sans trop y réfléchir sur une foule immense parce qu'on nous avait dit qu'elle serait peureuse.

— Je n'avais pas de chameau. Nous étions plusieurs dans ce cas. Une vingtaine. Nous sommes arrivés sur la place en courant derrière les cavaliers. On allait moins vite. Le temps qu'on arrive, avec nos bâtons, les premières bêtes avaient déjà été renversées. J'ai vu ce qui allait se passer. J'ai lâché mon bâton et lorsque la foule a avancé pour engloutir notre charge, je me suis mêlé à eux. Je suis là maintenant.

Parmi eux. Personne ne me voit. Personne ne peut imaginer que je suis un de ceux des chameaux. J'attends. Et puis quelque chose monte en moi et je me mets à crier comme les autres. *Al chaab yourid'iskat alnizam…!!!* Et à cet instant, je sais que je ne quitterai plus la place.

— Regroupez-vous ! On tient la place !

— Ils ne nous chasseront pas. Nous sommes là, nous restons là. Ils ont beau vider les prisons, soudoyer des milices, ils ne nous vaincront pas.

— Moubarak, dégage ! Moubarak, dégage !

— Le monde nous regarde. Nous n'avons pas le droit de faiblir !

— Je me souviens de ce corps, là. À terre. Baignant dans son sang. J'étais tout proche. Et le type gémissait. Mais je ne me suis pas penché. Je sais pourquoi je n'ai pas bougé. Parce que c'était un de ceux qui nous avaient chargés. Et je ne voulais pas. Je l'ai regardé. Surpris de ce froid qui était en moi. Et puis je suis passé, le laissant à sa douleur.

— Il y avait un petit à côté de moi. Il m'a dit qu'il avait été séparé de son père pendant l'attaque des cavaliers. Je l'ai pris par la main. Je lui ai demandé son nom. Il m'a dit : Lotfi. Je lui ai demandé s'il voulait que je le raccompagne chez lui. Il m'a dit que non, qu'il voulait rester sur la place.

— La ville est là, à nouveau. Elle ne fuit pas, ne s'éloigne pas. Je ne la vois plus, mais je la sens, et c'est bien.

— Alors je l'ai amené là où nous avons mis nos campements. Et j'ai dit aux copains que le petit aveugle était notre mascotte. Parce que la révolution ne laissait personne derrière elle. Il a souri. Il était minuscule au milieu de cette foule. Mais il y avait quelque chose en lui… Je ne sais pas… Il était beau et semblait si heureux d'être là.

— Ce jour-là, je le sais : nous avons fait ce que nous devions faire. L'attaque des chameaux était une infamie et nous les avons battus. Mais ce jour-là, je vais le dire : c'est la dernière fois où j'ai été fier. Je suis rentré à la maison avec mon frère et j'ai su que nous ne retournerions pas ensemble sur la place. Lui irait retrouver ceux qui l'appelaient "le héros". Moi, j'irais avec mes amis de l'université. Quelque chose de nous est mort place Tahrir, sous les sabots des chameaux. Et c'est une raison supplémentaire encore de leur en vouloir.

V. PUISQUE NOS PAYS NOUS RAPPELLENT

C'est là que nous nous séparons.
Pendant un temps,
Nous avons été frères et sœurs de révolution,
Unis dans un grand peuple de sept pays.
Même appétit,
Mêmes exigences,
Même ardeur.
Unis d'un bout à l'autre de la Méditerranée par les mêmes mots :
Silmiya ! Erhal !
Mais nos pays se rappellent à nous.
Ils ont un nom, à nouveau,
Qui les sépare les uns des autres.
Nous regardons la Tunisie à la télévision,
Et nous pleurons.
Soyez heureux, frères,
Ici, le sang coule.
Il ne s'agit plus de manifestants,
De policiers tirant des gaz lacrymogènes,
Il s'agit d'une armée qui tire sur sa population,
De traques systématiques d'opposants,
De crimes,
De disparitions,
De tortures.
Il s'agit de guerre,
Entre nous.
C'est là que nous nous séparons.
Pour notre malheur, nous sommes Syriens à nouveau,
Pour notre malheur, Libyens à nouveau.
Les experts commencent à dire que tous les dictateurs ne tombe-
ront pas

Ou que s'ils tombent, la situation politique qui suivra sera celle d'un chaos.
Où est la belle réjouissance du début,
Quand tous pensaient que les vieux colosses allaient partir ensemble,
Renversés par le même vent ?
Où sont nos sourires de défi
Et notre irrévérence ?
Adieu, frères,
C'est là que nous nous séparons.
Nos pays nous rappellent et ils n'ont pas même nom.
Nous regarderons votre liberté à la télévision,
Et nous sourirons
Car votre victoire, lorsqu'elle sera pleine, sera lumière dans notre chaos.

*

Depuis quelque temps,
Ce sont les tirs de kalachnikovs qui nous réveillent.
Depuis quelque temps,
Nous le sentons,
Nous avons perdu notre innocence.
Les coups reçus,
Les morts de plus en plus nombreux,
Les amis tués, enlevés, disparus sans que l'on sache s'ils sont déjà morts au moment où on s'inquiète ou s'ils réapparaîtront un jour, le corps perclus de douleur, l'âme brisée par les matraques.
Depuis quelque temps,
Nous éprouvons un désir accru d'héroïsme
Et c'est dangereux.
Nous le savons.
C'est ainsi qu'on meurt.
Parce qu'on a voulu braver un peu plus, un peu trop :
Relever la tête,
Aller manifester malgré les mauvais augures.
Un désir accru d'héroïsme,
Au nom de ceux qui ne sont plus.

Depuis quelque temps,
Nos manifestations sont des funérailles.

*

Ceux qui portent les cercueils dans une foule en rage.

Portez le corps de nos frères.
Laissez à terre vos banderoles !
Portez les cercueils.
Regardez les corps de la jeunesse sacrifiée.
Nous sommes lourds d'un poids nouveau.
À bas les dictateurs !
Portez le corps des martyrs.
Nous irons jusqu'au bout.
Liberté ! Liberté !
Portez le corps de ceux qui sont tombés pour vous.
Et songez que nous n'avons plus le droit de renoncer.

*

Deux manifestant(e)s de la première heure. Ou un groupe.

— Ce n'est plus une révolution.
— Pourquoi dis-tu cela ?
— C'est devenu une guerre civile.
— C'est toujours ainsi. Il y a toujours une frange de la population qui résiste. Qui ne veut pas céder.
— Deux camps, face à face, ça ne s'appelle pas une révolution mais une guerre civile.
— Ne dis pas ça.
— Tu ne veux pas le voir.
— C'est un vieux monde qui meurt. Tu croyais que cela se ferait dans la joie ? Il se bat, réagit, secoue sa carcasse, essaie de s'en tirer. Et ça saigne, oui. Des gens meurent. Un monde disparaît. Ça prend du temps et c'est sale.

VI. LA CHUTE

Ziad et son ami, le peuple de la rue devant les téléviseurs à nouveau et le président.

— Il va parler.

— Qu'est-ce que tu veux que ça me foute ?

— Allez, Ziad... Viens, c'est juste à côté...

— Oui, je sais : "Rassam a mis les tables dehors, il y aura tout le monde..."

— Qu'est-ce que tu crois qu'il va dire ?

— "Vous êtes une bande de petits merdeux, et même si ce pays doit s'écrouler tout entier, je resterai accroché à mon palais pour les siècles à venir...", quelque chose comme ça, non ?

— Ziad ! Arrête ! Viens...

— Je viens, je viens. Il y a beaucoup de monde chez Rassam. Comme la dernière fois. Tout le monde a l'air de penser qu'il va se passer quelque chose d'important. Comme la dernière fois. Il apparaît sur l'écran. Hymne national et drapeau fatigué. Comme la dernière fois. Il a la mine grise. Cela nous réjouit. Et il parle. Comme la dernière fois.

— Mes chers compatriotes, depuis quelques jours, le pays connaît des troubles graves. Une partie importante de la jeunesse exprime par ces manifestations des revendications légitimes. J'ai entendu les aspirations de mon peuple. Je réunirai dans les plus brefs délais le conseil des ministres pour lancer une série de réformes sans précédent. Quatre milliards vont être injectés dans le système éducatif. Huit milliards dans l'aide au chômage. Notre pays doit retrouver le chemin de la croissance et de l'initiative. En outre, je mettrai sur place une commission contre la corruption, indépendante, qui aura pour seul objectif de venir à bout des vieilles pratiques. Mes chers compatriotes, rien n'est impossible à notre pays pourvu que le calme revienne et que nous marchions tous dans le même sens.

— Et la foule alors qui se lève, s'embrasse. Ils rient, se moquent du dictateur à la mine grise, commentent ses cernes, ses traits tirés. Ils sont heureux parce qu'il a perdu de sa superbe. Et puis Ziad dit : "Attendez, il parle à nouveau !" Et la télévision se rallume. Hymne et drapeaux.

— Mes chers compatriotes, bandes de petites raclures, cela fait cinquante ans que je fais de la politique et vous voulez que je finisse comme ça ? Je vous entends, je vous entends. Je suis bien obligé, vous êtes partout. Il m'est devenu impossible de prendre une voiture, d'aller au restaurant. Même quand je chie, j'entends vos cris autour du palais. Je vais injecter des milliards. Partout. Où vous voudrez. Je m'en fous. Si c'est cela que vous voulez entendre, je vous le dis. Je vais faire des réformes aussi. Créer des commissions. Autant que vous en voulez. Je mettrai des têtes nouvelles. Vous allez adorer. Je nommerai un Premier ministre plus jeune. Un de ceux susceptibles de vous plaire. Et lentement, patiemment, lui comme les autres, je le corromprai. Et le pays, bande de petits connards, écoutez-moi bien, le pays, lentement, me reviendra et à la fin des fins, je vous le promets, quand vous regarderez bien, vous verrez, que je serai toujours le cul sur mon trône et que personne ne m'en aura fait bouger.
— Il avait peur. Ça crevait l'écran. Sa mine tendue. Ses phrases sèches. Un conseiller avait dû lui dire : "Il faut tenter le tout pour le tout…" et il y est allé en se disant que s'il y avait une chance de renverser la vapeur, il fallait essayer. Mais je l'ai vu. Et tout le monde l'a vu : la peur. C'est cela qu'il nous a montré. Alors les réformes, les milliards, on n'a même pas écouté. On a crié, on a sauté. On savait que le lendemain on serait des millions. Et que la chute approchait parce que c'est lui qui venait de nous le dire, avec sa fausse empathie, son air de papa bienveillant : il ne tenait plus qu'à un fil…

*

Ce que nous trouvons inacceptable, ce n'est plus la misère,
Et les vies de trois francs six sous.
Ce n'est plus le chômage,
La corruption,

Les journaux muselés,
L'impunité.
Ce que nous trouvons inacceptable, c'est leur gueule,
Leur moue paternaliste,
Leur air de mépris, leurs uniformes bien repassés,
Leur visage bouffi.
Ce que nous trouvons inacceptable,
C'est leur épouse aux milliers de souliers.
Ce que nous trouvons inacceptable, c'est leurs fils, leurs neveux,
Tous ces protégés qui ne sont rien, roulent dans des voitures de luxe
et captent le pouvoir.
Ce que nous trouvons insupportable,
Ce sont leurs mots,
Inchangés, vieux et sûrs d'eux-mêmes.
Alors non, il n'y aura pas de réforme,
Parce que dorénavant, il n'y aura de fin
Que lorsque les colosses tomberont.

VII. PAYS DEBOUT

Comment ça finit maintenant,
Plus vite qu'on pouvait l'imaginer.
Comment tout s'accélère d'un coup,
Les foules de plus en plus grandes,
Les avenues de Tunis et du Caire devenues fleuves vivants de sil-
houettes serrées,
Pays debout.
Comment plus rien ne peut résister
Et les colosses,
En quelques heures, deviennent petits.
On verra des images de leur visage apeuré,
Filant à l'arrière de Berlines aux vitres teintées,
Ou montant dans les avions au point du jour.
Des visages boursouflés de coups parfois,
Pris dans une foule épaisse qui ne demande qu'à lyncher.
Comment ça se termine,
Peuple debout
Qui sent qu'il est sur le point d'y parvenir,
Renverser les idoles et en être sidéré.
Tout tombe,
Enfin,
Après des heures de cris, de manifestations, de mobilisation
Après des jours de combats, de bras de fer,
De peur,
Après des générations de silence,
De soumission
Après des dizaines de vies immolées,
D'innocents sacrifiés.
Comment ça tombe,
Sans un bruit.

Et ce qui frappe, alors,
Ce ne sont pas les grandes phrases,
Ce n'est pas l'assaut final
Qui souvent n'a pas lieu
Qui souvent est escamoté par une fuite de Varenne au milieu de
la nuit.
Ce qui frappe,
C'est la vacance.
Du jour au lendemain,
Plus rien…

*

La foule, impatiente.

— Au palais !
— Tous au palais !
— Il n'y a plus de gardes.
— Entrez !
— Forcez les portes !
— Poussez !
— On va tout mettre à bas !
— Poussez !
— Ça craque !
— Dégagez les planches !
— Poussez encore, ça va céder.
— Révolution !
— Révolution !

*

Deux manifestants, éprouvant leur victoire.

— Je n'avais jamais vu ça. Des pièces si grandes. On a monté les
étages quatre à quatre. Il y avait des salons, les uns après les autres.
On a cassé ?
— Oui, on a cassé.

— Les fenêtres peut-être…

— Les vases aussi.

— Il y avait des rideaux. On a déchiré ?

— Oui, on a déchiré…

— C'était si grand. Et puis les chambres : avec des draps de soie, tu t'en souviens ? On a arraché ?

— Oui, on a arraché.

— Pour les prendre et les ramener chez nous ?

— Non. Juste parce qu'on avait gagné.

*

Lotfi, seul, avant de retrouver son père.

— Je l'ai entendu. De très loin. Sa voix peut-être un peu plus fatiguée. "Lotfi…? Lotfi…?" Depuis des jours, il arpentait la ville et criait mon nom. Depuis des jours où j'étais resté sur la place. "Lotfi…? Lotfi…?" Je vais répondre. Je vais l'appeler. Nous nous enlacerons. Il pleurera peut-être. Et moi aussi. Nous irons à la maison. Puis il prendra rendez-vous avec le médecin. Qui me dira qu'il ne peut rien faire. Je sais. Mais pour un temps, je suis encore sur la place. Avec la voix douce de mon père qui ne sait pas encore qu'il m'a retrouvé. "Lotfi… ? Lotfi… ?" Et j'aime ça, ce moment-là. Je sais que c'est lui que j'emmènerai à jamais, ce moment que je brandirai dans les jours à venir, quand il y aura trop d'obscurité. Parce que les couleurs de ces jours-là, je les ai en moi et je ne les oublierai jamais.

*

Yassine, à l'heure des comptes.

— Quand je suis rentré à la maison, la première chose que j'ai vue en ouvrant la porte, c'est le visage de ma mère. Elle était là. Hésitante. Défoncée. Elle a esquissé un sourire mais c'était une grimace. Pendant une semaine, sûrement, il a dû s'en donner à cœur joie. Avec ses mains lourdes. Sa bouche avinée. Moi, j'étais sorti. Allé faire la révolution. Et lorsqu'elle a ouvert la porte, j'ai pensé que si je l'avais fait, c'était parce qu'autre chose m'appelait qui dépassait ma mère et mon envie de hurler. Autre chose. J'y suis allé. Et c'était lâche. Et c'était courageux.

*

Un de ceux tombés sous les balles ou torturés dans des salles sans fenêtre.

— Même encore maintenant, je la sens, la joie… Même encore maintenant tandis que je suis mort, je le vois, votre sourire. J'ai vu la foule devenir peuple, la colère devenir vague. Et tant pis si je suis tombé, tant pis si je fais partie de ceux qu'on comptera parmi les victimes de ces jours de liberté. Je voudrais que vous m'enterriez comme ça, comme nous étions au milieu des rues, les bras bien tendus en l'air, souverains, joyeux. Je voudrais ne garder que cela : nos visages insolents de beauté.

*

La fille aux cheveux coupés et puis Mehdi, le garçon qu'elle aime embrasser.

— Écoute. Reste là, à côté de moi. Ne bouge pas. Là. Au milieu de la rue. Pour un temps, la ville est à nous. Tu le sens ? Demain, il y aura les assemblées, les gouvernements. Ceux qui tiendront. Ceux qui démissionneront. Demain, des pouvoirs nouveaux forcément décevants. Et des combats encore pour ne pas se faire voler notre liberté. Mais écoute, là, maintenant, la ville est à nous. Pendant quelques heures. À nous seuls. On a gagné. Écoute. Mes cheveux repousseront. Mais qu'est-ce que ça fait ? Ça, on ne l'oubliera pas. On a dansé. On a crié et ça les a fait tomber. On a ri et ça les a fait fuir. Je sens encore l'air chaud, là, sur ma nuque. Embrasse-moi. Je veux que ce baiser sur la place fasse partie de ma vie. Je sais que cet instant est ce qu'il y a de plus proche de ce que je suis vraiment. Alors viens. Nous avons gagné. Embrasse-moi. Une fois au moins, une fois, j'aurai connu ça : l'air doux sur la nuque et tes lèvres sur les miennes pour célébrer nos victoires.

*L'ombre de Mohamed Bouazizi, l'homme étincelle, revenu devant le
peuple, puis parmi lui.*

Que tombent les colosses.
Ceux qui ont vu cela en resteront changés pour toujours.
Vous avez vu les géants aux pieds de glaise se décomposer,
Devenir petits, devenir peureux, devenir vieillards.
Vous avez vu les peuples danser.
Rien ne peut redevenir comme avant, ce n'est pas vrai.
Bien sûr, d'autres dictateurs viendront.
Bien sûr pour la Syrie, le sang,
Pour la Libye, le sang.
Bien sûr, le pouvoir écarté, le pouvoir remplacé.
"Tout ça pour ça", disent déjà certains d'entre vous,
Mais quand même :
Vous avez été libres.
Pas de naissance, pas d'évidence, mais de combat.
Il faudra raconter cela :
La joie indestructible.
Avoir senti l'Histoire,
Que vous l'ayez faite ou qu'elle vous ait traversés…
Les mots, dorénavant, vous les connaissez.
Ils sont en vous, ne vous quitteront plus.
Prononcez-les encore.
Murmurez-les à vos enfants.
Répétez-les sans cesse.
Ils sont en vous,
Vous les avez gagnés
De haute lutte.
Il faudra les dire,
Car le monde en a besoin,
Sans cesse,
Comme un souffle de vie, de rage, de jeunesse et d'esprit.
Il faudra les dire :
Al chaab yourid'iskat alnizam !

Repris par tous.

Al chaab yourid'iskat alnizam !
Al chaab yourid'iskat alnizam !

TABLE

Merci à Claire Lasne Darcueil d'avoir permis à ce texte de naître. Merci à Jean-Louis Martinelli de s'y être plongé sans boussole et de lui avoir donné son premier visage scénique. Et merci à tous les élèves, Marilou Aussiloux, Manika Auxire, Louis-Nelson Delapalme, Mohamed El Mazzouji, Aurélien Feng, Étienne Galharague, Lucile Jégou, Hugo Kuchel, Eugène Marcuse, Rose Martine, Charlaine Nezan, Louise Orry-Diquero, Édouard Pénaud, Mathieu Perotto et Souleymane Sylla, pour leur passion et leur appétit de théâtre.

DU MÊME AUTEUR

ROMANS
Cris, Actes Sud, 2001 ; Babel nº 613 ; "Les Inépuisables", 2014.
La Mort du roi Tsongor (prix Goncourt des lycéens, prix des Libraires),
Actes Sud, 2002 ; Babel nº 667.
Le Soleil des Scorta (prix Goncourt, prix Jean-Giono), Actes Sud, 2004 ;
Babel nº 734.
Eldorado, Actes Sud/Leméac, 2006 ; Babel nº 842.
La Porte des Enfers, Actes Sud/Leméac, 2008 ; Babel nº 1015.
Ouragan, Actes Sud/Leméac, 2010 ; Babel nº 1124.
Pour seul cortège, Actes Sud/Leméac, 2012 ; Babel nº 1260.
Danser les ombres, Actes Sud/Leméac, 2015 ; Babel nº 1401.
Écoutez nos défaites, Actes Sud/Leméac, 2016.

THÉÂTRE
Combats de possédés, Actes Sud-Papiers, 1999.
Onysos le furieux, Actes Sud-Papiers, 2000 ; Babel nº 1287.
Pluie de cendres, Actes Sud-Papiers, 2001.
Cendres sur les mains, Actes Sud-Papiers, 2002.
Le Tigre bleu de l'Euphrate, Actes Sud-Papiers, 2002 ; Babel nº 1287.
Salina, Actes Sud-Papiers, 2003.
Médée Kali, Actes Sud-Papiers, 2003.
Les Sacrifiées, Actes Sud-Papiers, 2004.
Sofia Douleur, Actes Sud-Papiers, 2008.
Sodome, ma douce, Actes Sud-Papiers, 2009.
Mille orphelins suivi de *Les Enfants Fleuve*, Actes Sud-Papiers, 2011.
Caillasses, Actes Sud-Papiers, 2012.
Daral Shaga suivi de *Maudits les innocents*, Actes Sud-Papiers, 2014.
Danse, Morob, Actes Sud-Papiers, 2016.

POÉSIE
De sang et de lumière, Actes Sud, 2017.

NOUVELLES
Dans la nuit Mozambique, Actes Sud, 2007 ; Babel nº 902.
Les Oliviers du Négus, Actes Sud/Leméac, 2011 ; Babel nº 1154.

LITTÉRATURE JEUNESSE (ALBUM)
La Tribu de Malgoumi, Actes Sud Junior, 2008.

BEAU LIVRE
Je suis le chien Pitié (photographies d'Oan Kim), Actes Sud, 2009.

Ouvrage réalisé par l'Atelier graphique Actes Sud. Achevé d'imprimer en juin 2018 par l'Imprimerie
Soregraph à Monts pour le compte des éditions ACTES SUD Le Méjan Place Nina-Berberova
13200 Arles.
Dépôt légal 1ʳᵉ édition : mai 2018
N° impr. : 061800270
Imprimé en France